PU POEZI ZAME DISPARET

F A R F A R   L I V   K R É O L

Carpanin Marimoutou
i okip
"Farfar liv kréol"

La fine sorti :

Axel Gauvin	:	*Bayalina*
Carpanin Marimoutou	:	*Romans pou la tèr ék la mèr*
Danyèl Waro	:	*Démavouz la vi*
François Robert	:	*Kivy* (Prix de Grand Ocean 1998)

I sa sorti :

Graziella Leveneur
Gilette Staudacher
Dev Virahsawmy
Daniel Vabois
Daniel Honoré
Patrice Treuthardt
Wilhiam Zitte

Grand Océan
6, rue Pasteur
97400 SAINT-DENIS
✆ 0262 21 38 42
Fax 0262 21 97 20

ISBN : 2-911267-30-3
GRAND OCÉAN OCTOBRE 1999
Cet ouvrage a reçu l'aide du Conseil general, du Conseil Regional
et de la DRAC de la Réunion

Sedley Richard ASSONNE

Pu Poezi zame Disparet

Editions
Grand Océan

ENN REKEY POEM PAR SEDLEY RICHARD ASSONNE

F

NU VRE GALAKSI

Ena pe dir ena lavi lor planet Mars
pe rod al koloniz galaksi
pu montre siperyorite lespri imin
lot pe montre la linn
pe dir bizin return laba
pu kontrol lespas
tulezur pe invant lanvi
lanvi pu al pli lwin
lanvi pu tuy lezot
pu ki lom retruv li tusel enn zur
lor sa bul ble ki so legzistans menase
me avan ki nu tus planet Mars
avan ki nu return lor la linn
avan ki nu lespes disparet
akoz lorgey imin
koste kot mwa gate
pa les lespas ant nu
twa ek mwa nu tusel kone
ki nu vre galaksi
truv dan nu leker
e ki nu vre liniver
se sa ti anz ki nu finn met lor later
pu kontiyn travay bondye.

Notre vraie galaxie

Il y en a qui disent
qu'il y a de la vie sur Mars
qu'il faut aller coloniser les autres galaxies
pour démontrer la supériorité de l'esprit humain
il y en a d'autres qui regardent la lune
et qui disent qu'il faut qu'on y retourne
pour contrôler l'espace
et chaque jour qui passe
on invente l'envie
l'envie d'aller plus loin
l'envie de tuer son prochain
pour que l'homme se retrouve seul un jour
sur cette boule bleue
à l'existence menacée
mais avant de fouler Mars
de retourner sur la lune
avant la disparition du genre humain
de l'orgueil
approche
ne laisse pas d'espace entre nous
toi et moi, on sait
que notre vraie galaxie
est dans notre coeur
et que notre vrai univers
c'est ce petit bout d'ange
qui nous est né
pour perpétuer l'oeuvre de Dieu.

ROS MALKOM

Ena ti pe sikann Malkom
kan li ti pe koz ar montayn
ti dir li fu
be mwa kuma zot pu apel mwa?
mo pe a zenu
divan lape lapriyer
divan silans stati
divan mem ros
ki ti koz ar Malkom
pardonn zot bondye
zot konn zis avoy ros
pu fer leker seyne !

Mont Malcolm

On se moquait de Malcolm de Chazal
parce qu'il parlait aux montagnes
on disait qu'il était fou
que diriez-vous de moi?
je suis à genoux
en prière
devant le silence de cette statue
faite de ce même roc
qui parlait à Malcolm
mais pardonne-leur Père
ils ne savent que lancer des pierres
pour faire saigner les coeurs !

PU MO MAMA

Kan mo get to figir
mo retruv tras sime
to ti fer mwa marse
pu retruv prev paradi
dan dilo to vant
kan enn surir
fer to figir vinn pli zoli ankor
mo retann to lavwa
kan to ti pe koz ar mwa
tulezur nef mwa
kan mo get to figir
zame mo pa pu ule
truv larm defigir li
mo pu santi mwa tris
si zame to lizye muye
mama
pena pu dir plis ki sa mo la
to mem papa, to mem bondye
to mem rezon
kifer mo la
e kifer mo pu kontan twa tultan.

A ma mère

Quand je pense à son visage
je retrouve la trace du droit chemin
où elle m'apprenait à marcher
pour retrouver la preuve du paradis
dans son eau amniotique
quand un sourire
transformait son visage
je réentends sa voix
ma vraie voie
et j'ai l'âge des neuf mois
quand je regarde le visage de ma mère
je ne voudrai jamais
qu'une larme la défigure
je me serais senti triste
de voir ses yeux mouillés
mère
il n'y a rien de plus à dire
tu es le père, tu es Dieu
tu es la raison
de ma présence sur terre
car c'est toi qui fait naître sur mes lèvres
les plus belles prières.

NIAZ

To rapel ler to ti dir mwa
anbras sa bann niaz
ki ti pe grat latet
montayn Kordegard la?
to ti dir mwa dir zot
ki mo kontan zot
monn ekut twa
monn dir li
e mo ti santi enn kominyon
ant zot ek mwa
be kifer zot pe riy mwa?
niaz usi travay bondye sa
zot pa kone?

Nuages

Tu t'en souviens?
tu me disais d'aller embrasser ces nuages
qui venaient caresser
la tête du Corps de Garde
et tu voulais
que je leur déclare ma flamme
j'ai écouté tes paroles
je leur ai parlé
et il y a eu communion
entre eux et moi
mais pourquoi rit-on de moi?
les nuages aussi sont oeuvre de Dieu
ne le saviez-vous pas?

PU POEZI ZAME DISPARET

Kan poezi pu nepli ena
kan nu pu nepli arete
pu admir enn kuse soley
mo pu kumans gayn per
mo pu kone so ler finn arive
ler lespri dimal
lespri ki fer leklips
pu kasyet soley
pu kasyet lalinn
pu kasyet later
me avan sa ler la vini
sanz to leker
trap mo lame
nu kumans priye
nu kontiyn get soley al kuse
pu ki poezi
zame disparet lor later.

Pour que poésie jamais ne meure

Quand il n'y aura plus de poésie
quand nous ne prendrons plus le temps
d'admirer un coucher de soleil
je commencerai à avoir peur
je saurai que son heure est arrivée
l'heure de l'esprit du mal
l'esprit qui fait naître l'éclipse
pour faire disparaître
le soleil et la lune
pour faire disparaître la terre
mais pendant qu'il est temps
prends ma main
prions
et laissons ce coucher de soleil
nous éblouir de sa beauté
pour que poésie jamais ne meure...

FLANBWAYAN

Petal flanbwayan
pe zet kuler ruz lor lavi
lane pe suet nu bonzur
lan demil pe koste
get li dan kwin laport
pe kas difil zareyne
pu invit nu dan selebrasyon
nuvo milener
petal flanbwayan pe sek
tu pye fini kupe
larivyer disan
pe kas laport pu rantre
imin finn vinn bebet
later amare ar difil zareyne
ant rev ek kosmar
ki nu pu swazire?
mem flanbwayan nepli burzone !

Flamboyant

Pétales de flamboyant
pour colorer la vie de rouge
pour dire bonjour à demain
l'an 2000 est là
derrière la porte
plus de fil d'araignée
pour faire obstacle aux célébrations
du prochain millénaire
mais les pétales de flamboyant
se sont désséchées
et la rivière de la vie
est en crue
trop de sang
l'homme devenu bête
trop de fils d'araignée
dans sa tête
entre rêve et réalité
que sera le choix?
même le flamboyant a peur
de donner des fleurs !

BLE LESYEL

Dan mov montayn
mo pe rod sekre
kuler ble lesyel
pu ramas bote leternite
deryer tapi niaz
dan blan imakile
kan divan sante
pli pre ek ble lesyel
plim lezel anz
kumadir petal fler
pena per, pena lamor
ena zis lape
zis silans
kisann la anvi
a zenu ansam ar mwa?

Bleu ciel

Dans le mauve des montagnes
j'ai cherché le secret
couleur bleu ciel
pour garder en moi
la beauté éternelle
cachée derrière les nuages
sur le tapis blanc immaculé
et quand chante le vent
plus près du bleu ciel
l'aile de l'ange
est comme pétale de fleur
ni peur, ni mort
seulement la paix
et juste le silence
qui veut s'agenouiller avec moi?

LESYEL PU TU DIMUNN

Kan sime ti lib
to invant anbuteyaz
pu blok to lespri
kan ti ena lamur
to invant ladilter
pu kas leker to prosin
e kan mo parol ti ekrir
to ti invant nuvo levanzil
pu kwar dan fos profet
zordi to pe kriye pardon
parski to soley
pe al kuse
lesyel pu tu dimunn
me zis pu seki
konn vre valer so niaz
vre bote so kuler ble.

Le ciel est à tout le monde

Quand la voie qui mène vers Moi
est libre
tu inventes des embouteillages
pour te fermer l'esprit
et quand il y a de l'amour
tu fais cadeau d'adultère
pour briser le coeur de ton prochain
et la Parole écrite sur la pierre
te fait inventer de nouveaux évangiles
pour croire aux faux prophètes
et te voilà pourtant
qui demande pardon
car ton soleil se couche
le ciel est à tout le monde
mais seulement à ceux
qui connaissent
la vraie valeur de ses nuages
la vraie beauté de son bleu !

RAPEL

Rapel
to ti pe plore lor ban legliz
e mo ti suy to larm
ek mo lamur
rapel to ti dir mwa
ki zame to pu kit mwa
me yer
ler to ti truv mo figir
to ti sanz tretwar
pu to al mars ar Zida
tonn prefer lamor enn inosan
tonn prefer les li vers so disan
akoz trant pyes larzan !

Souviens-toi

Souviens-toi
tu pleurais sur ce banc d'église
et j'ai essuyé tes larmes
avec mon amour
rappelle-toi
tu m'avais dit
que jamais tu ne me quitterais
mais hier
avant même qu'on se croise
tu as changé de trottoir
pour marcher avec Judas
tu as préféré la mort d'un innocent
et qu'importe qu'il ait versé son sang pour toi
il te fallait ces trente pièces d'argent !

NUVO MILENER

Dan selebrasyon nuvo milener
kot bizin efas nu divan ordinater
birokrat pe ador nuvo idol
pu bliye gu panadol
pez buton pu res vivan
lizye brile divan lekran
pe kominik ar ti lera
enn gref fitir dan nu ledwa
pa rod teyn masinn
seki dan dis dir pa pu kontan
li mem fer servo vinn papye muslinn
e met disket dan latet nu zanfan
dan selebrasyon ki pu ena
si klavye pa blye nu ladres
robo pu dominn lor twa ek mwa
pu ler alor pu nu al dan laplenn pares.

Nouveau millénaire

Quand tu célèbreras le nouveau millénaire
pour graver ton identité dans l'iMAC vert
tu devras adorer cette nouvelle idole
pour oublier le goût du panadol
manie bien les touches du clavier
si tu veux rester vivant
et si tes yeux ne supportent pas l'écran
n'éteins rien, laisse aller !
la greffe est au bout de tes doigts
le futur dans ton cerveau
tu communiques grâce à un rat
c'est cela le millénaire nouveau
mais quand tu devras intégrer le disque dur
n'oublie pas de taper ta condition d'homme
en souvenir d'anciens rêves purs
quand Eve n'avait pas encore croqué la pomme !

DULER SEGE

Kaya Berze
duler sege
lamor Alkatraz
nesans laraz
swasann de bal diplon
akoz linzistis prizon
Ros Bwa plore
enn trupo eparpiye
dan rwayom rasta
dan krwayans Jah
zot suvenir pu reste
de mizisyen due
zot finn truv sime lalimyer
sime kot pena duler
ed nu bliye zot lapsans
Kaya Berze renesans !

Douleur seggae

Kaya, Berger
douleur seggae
la mort a pour nom
Alcatraz, SMF
soixante deux balles de chevrotines
et l'injustice en prison
Roche Bois qui pleure
le royaume des rastas
en berne
mais ceux qui croient en Jah
n'oublieront jamais !
Kaya, Berger
musiciens doués
sur le chemin de lumière
pour ne pas regretter leur absence
Kaya, Berger
renaissance !

DAN PROMOSYON SIPERMARSE

Dan promosyon sipermarse
enn kadi provizyon
pe propoz mwa
pu aste ankor plis komisyon
lavwa dan mikro
fer dimal dan zorey
rises antur mwa kuma kosmar
sis savonet pu sak rupi depanse
dan promosyon sipermarse
kontinan pe rod kraz mo lil
pe fer mwa blye labutik
gato kanet gato koko
sinkant su diber dan dipin
enn pake kotomili
pu parfim le pase
dan promosyon sipermarse
pe met lake pu get fitir
pe turn ledo ar suvenir.

Promotion de supermarché

Quand le supermarché
fait promotion
il me propose
un caddie de provisions
la voix dans le micro
me fait mal aux oreilles
et ce soir je n'aurai pas sommeil
pour avoir dépensé trop
quand Continent fait promotion
c'est mon île qu'elle solde
pour écraser nos traditions
ce pain au beurre qui donnait faim
de ce passé au parfum de coriandre
mais oubliées les vieilles boutiques
et les vieilles habitudes
quand le supermarché fait promotion
on va faire queue
pour tourner le dos aux souvenirs.

KOSTE KOT TWA...

Kan lamer vinn kares to lipye
ki sekre li lese lor disab?
rapel gidi gidi dilo
lor to lapo
frison leternite dan to lizye
soley ti pe al kuse lerla
to ti dir mwa koste kot twa...

Viens près de moi

Quand l'eau de la mer
vient caresser tes pieds
qu'est-ce qui s'écrit sur le sable?
mais rappelle-toi seulement
de cette caresse
sur ta peau
de ce frisson d'éternité
inscrit dans tes yeux
c'était la mort du soleil alors
et tu m'as dit:
"viens près de moi".

KAN DERNYE ZUR

Kan dernye zur
lafin limanite
pu arive
mo pale zot donn mwa naryen
pu protez mo lavi
kan lamor pu vini
zoli uswa vilin
mo le get so figir an fas
e de tut fason mo pa per li
monn truv li tulezur
lor televizyon
dan sak surir kuto
ki nu fer dan ledo nu lennmi
non gard zot mas gaz
zot fizi, zot lakaz anba later
mo pa anvi kasyet
si lesyel ena pu tom lor mo latet
seki pu arive pu arive
me avan ki dernye zur pu vini
zot ti kapav zet zarm
aret tuy nu kamwad
pu atann dernye ler?
uswa zot pu tuzur
tuy zot prosin pu enn but anplis
pu larme Zida ek so konplis?
si se sa ki zot ule
fer kumadir
zordi mo dernye zur
parski mo pale
get krisifiksyon ankor enn ku !

Dernier jour

Quand arrivera le dernier jour
la fin des temps
ne cherchez pas
à me protéger du danger
quand la mort arrivera
belle ou laide
je voudrai la voir en face !
et de toute façon
je n'ai pas peur d'elle
je la vois tous les jours
à la télévision
dans chaque sourire
en lame de couteau
qu'on fait dans le dos
de nos ennemis
non, gardez-vos masques à oxygène
éloignez- moi de vos fusils et de vos bunkers
je n'ai pas à me cacher
si le ciel doit me tomber sur la tête
cela sera
mais faut-il qu'arrive le dernier jour
pour qu'on baisse les armes
qu'on cesse de tuer son prochain
pour faire rire Judas?
si c'est pour cela qu'on se bat
faites comme si c'était
mon dernier jour
je ne veux point être complice
d'une autre crucifixion !

MIRAK PETAL LAMUR

Birokrat pe dir bizin eliminn soley
pu klimatizasyon gayn rol
anba lebra bizin pena tas transpire
prop ! prop ! prop !
birokrat pe deturn larivyer
pu kapav may pwason pli byen
laperl pe refize par koson maron
sok ! sok ! sok !
dan nwar nu servo
akoz lapsans soley
birokrat pe ekler tu ar tors
pu rod sime nu panse
dan dilo puri vazafler
ti bebet pe dans disko
pu rekree rev birokrat
mwa
enn buke fler dan mo lame
mo pe atann linosans burzone
rasinn le mal pe fer letur
pe rod fer sime dan mo leker
me mo pe ser buke la byen for
pu pa perdi linosans
ki mo mama ti donn mwa
ler mo ti kit so vant
birokrat pe krye deor
pu sey kas mo pasyans
li pe menas pu fer buke fler sek
si vremem to lao Zezi
fer mirak petal lamur tom lor mwa
pu protez mwa kont kosmar birokrat.

Le miracle de l'amour

Ils parlent d'éliminer le soleil
de détourner les rivières
pour jeter notre humanité aux porcs
ces hommes aux cerveaux dérangés
veulent cueillir nos pensées
pour les laisser pourrir
dans l'eau trouble des vases
là où dansent
les faux prophètes
et moi
un bouquet à la main
j'attends que bourgeonne l'innocence
même si le mal
aimerait bien planter
ses racines dans mon coeur
mais le bouquet
je l'ai serré très fort sur mon coeur
pour ne pas perdre l'innocence
que m'a donnée ma mère
quand j'ai quitté la quiétude de son ventre
dehors, on crie
pour me faire perdre patience
pour faire sécher le bouquet
mais si tu es vraiment là-haut, Jésus
fais que le miracle de l'amour
soit toujours en moi
pour me protéger
des pétales du mal.

KOT TO TI ETE ZEZI?

Kot to ti ete Zezi
kan mo ti pe pike
pu tus lesyel?
to kone monn bliye
tu lapriyer
e mo kone mo pa bizin priye
parski pena bondye lao !
to pa ti kit lakrwa
kan ladrog la
ti pe rant dan mo lavenn
kitfwa to ti kwar
pa ti neseser sov mwa
kitfwa akoz sa mem
to pann tann mo lavwa?
to kone mo ti kuma tu lezot zanfan
tultan mo ti pe rev
gayn enn ti lakaz ek enn ti bonnfam
pu gayn enn tigit lamur
pu partaz ar lezot
me ler ser kokainn ti vini
li ti donn mwa sekre
pu tus lesyel
e ler mo ti lao
bondye pa ti la !
to la fot Zezi
si mo nepli kwar dan twa
to ti dir to pu sov nu
me to pann returne
e tulezur avek kudme ser kokainn
mo pe seye pu tus lesyel
pu retruv twa Zezi
pu mo rapel lapriyer
ki mo ti pe fer
ler mo ti zanfan.

Où étais-tu, Jésus

Où étais-tu, Jésus
quand je me piquais
pour toucher la voûte du ciel?
sais-tu que j'ai oublié
toutes les prières
et que je sais que je ne dois plus prier
car Dieu n'existe pas !
tu n'as pas quitté la croix
quand la drogue
me pénétrait les veines
tu croyais peut être
que ce n'était pas important
de me sauver
et c'est peut être pour ça
que tu n'as pas entendu ma voix?
tu sais, Jésus
j'étais comme tous les autres gosses
je faisais des rêves de droit chemin
juste pour un peu d'amour
à partager avec mon prochain
mais Soeur Cocaïne est arrivée
elle m'a transmis le secret
qui permet de toucher la voûte du ciel
et quand j'ai été là-haut
Dieu n'était pas là !
c'est de ta faute, Jésus
si je ne crois plus en toi
tu disais que tu allais nous sauver
mais tu n'es jamais revenu
et chaque jour
avec l'aide de Soeur Cocaïne
j'essaie encore de toucher la voûte du ciel
pour te retrouver Jésus
pour me rappeler
que j'avais une âme d'enfant.

DAN TRIYANG TO LAKWIS

Se pa dan kot zom
u dan lorgey Adan
me dan triyang to lakwis
ki bondye ti les sekre limanite
kan to uver to kofor lamur
mo retruv tu trezor paradi
e mo konpran tu
depi big bang ziska mo nesans
aster monn kone ki vremem fam
ki san twa zom pena okenn lavenir
zordi lanwit pu long
pu twa ek mwa !

Dans le triangle de tes cuisses

Pas dans l'orgueil d'Adam
mais dans le triangle de tes cuisses
c'est là que Dieu
a laissé le secret de notre humanité
et quand tu ouvres
ton coffre-fort d'amour
je retrouve tous les trésors du paradis
alors je comprends tout
du Big Bang à ma naissance
et je sais maintenant, femme
que sans toi
l'homme n'est rien.
ce soir, la nuit sera longue
pour toi et moi !

SIME LINITE

Pavyon ruz ble zonn ver
pe flote dan divan
pe dir morisyen dan leker
me ankor ena dut lor disan
pa ule kone si li ruz partu
pe tir preteks pu ena la enn
seki koz patriyotism dir li fu
pu fer kwar miz an senn
enn sel lepep enn sel misyon
fer nu tu vinn enn sel nasyon
bliye kestyon kominote
nu donn nu pei so vre bote
pa neseser nu donn lame
mem de lwin kapav fer pon
pu konstrir sime linite
nek ena pu dir non a divisyon !

Chemin d'unité

Le vent fait claquer le quadricolore
rouge, bleu, jaune et vert
un pays dans le coeur
mais des doutes sur le sang
c'est le même rouge pourtant
même s'il faut la haine
la mise en scène
pour traiter de fou
celui qui porte sa patrie
au fond de lui
un seul peuple, une seule nation
oublions ce qui divise
il ne faut même pas
se donner la main
on n'a qu'à bâtir des ponts
pour prendre le chemin de l'unité.

DAN ALKATRAZ

Tanto fer enn bon meni pu mwa
enn manze spesyal
pu mo bliye mo traka
kuma pu konbat le mal?
ena TVA lor mo lavi
ena taks lor mo lavenir santi pi
tiping lari pe seyn mo zunu
bolom nwel nepli vinn donn zuzu
get deor to pu konpran
get dan lizye to kamwad
to pu truv enn mesaz fad
san disik, plin ar disan
tanto, atann mwa lakaz
si mo pann mor dan Alkatraz
nu ava manz sa bon meni la
sinon priye bondye pu mwa !

A Alcatraz

Ce soir, prépare moi un bon truc
quelque chose de spécial
pour m'apprendre à oublier
pour m'aider à combattre le mal
il y a de la TVA sur ma vie
une taxe qui obscurcit mon avenir
l'asphalte de la rue
me saigne les genoux
le père Noël ne passera plus
jette un oeil dehors
et tu comprendras
regarde dans les yeux
de ceux qui se disent tes amis
et tu verras un message
sans sucre, mais plein de sang
au fait, ce soir, ne m'attends pas
je crois que je mourrai à Alcatraz
je suis désolé
on aurait pu manger le bon truc
je te demande seulement
de prier pour moi !

DE ZANFAN

De zanfan pe zue lakaz zuzu
pe ekrir lape lor lesyel
vinn get zot enn ku
de anz pe dir parol dimyel
pu enn zur eski nu pu kapav
poz fizi anba
pu vinn get sa de zanfan la?
de zanfan pe donn nu leson
e zot ankor pe poz kestyon !

Deux enfants

Deux enfants qui jouent
pour écrire la paix
sur la voûte du ciel
venez les voir
ces deux anges
qui disent des mots
au goût de miel
juste pour un jour
pourrons-nous
faire taire ces fusils
pour nous éblouir d'enfance?
deux enfants nous font la leçon
et vous vous posez toujours des questions !

SA RAS LA

Pe dir mwa dir mo enn morisyen
parski Nike pe koloniz mo lipye
parski koka finn met kanser dan mo labus
parski loksidan finn kokin mo lidantite
me dan mo pei ena frontyer
ena ti liban dan sak leker
ena kut fizi dan nu regar
pu anpes nu konn nu prosin
pe dir mwa get pavyon kat kuler
sant lim nasyonal for
pu fer reviv le duz mars
me personn pa konpran angle
nu langaz kreol pe kraz anba lipye
latur Babel pe rekonstrir
pu anpes nu kominike
mo pei pe dekone
pe dir mwa dir mo enn morisyen
me kan li pu ne sa ras la?

Cette nation-là

Il faut que je dise que je suis Mauricien
pour que Nike ne colonise pas mes pieds
que Coca Cola ne m'offre du cancer à la bouche
pour que l'Occident ne me vole mon identité
mais dans mon pays il y a des frontières
du Liban dans chaque coeur
des coups de fusil dans nos regards
et la peur de nous connaître
il faut que je regarde le quadricolore
que je chante l'hymne national haut et fort
pour me remémorer le douze mars
mais personne ne se comprend
on piétine chaque jour les langues
pour reconstruire la tour de Babel
pour nous empêcher de communiquer
mon pays n'existe pas
il faut que je dise que je suis Mauricien
qui fera naître cette nation?

TONN ALE YER

Ena briyar lor lekran televizyon
mo pa pe gayn to nuvel
mo pa interese ar linformasyon
sagrin pe eklat mo la servel
tonn ale yer, pa pu revini
mo ti dir enn parol traver
Deor, Kosovo, Albane, Nasyon Zini
tu pe melanze, ena lager
mo pu al dormi tusel tanto
tusel avek mo duler andan
plas kot nu ti dormi nepli so
e lili la zordi paret tro gran
enn briyar dan mo latet
nu finn lager yer swar
enn lager kuma tultan, bet
tonn kit mwa dan nwar
mo pa kwar to pu revini
tonn perdi pasyans ar mwa
aster mo kone ki mo pu devini
kan zame to pa pu la.

Tu es partie hier

Il y a du brouillard
sur l'écran de la télé
je n'ai plus de tes nouvelles
marre des infos
le chagrin m'éclate la tête
tu es partie,hier
pour ne plus revenir
je t'avais dit des conneries
un mot de travers
dehors
Kosovo, Albanie, Nations Unies
tout se mélange
c'est la guerre
je dors seul, ce soir
seul avec ma douleur intérieure
il manque ta chaleur
dans ce lit trop grand pour moi
il y a du brouillard dans ma tête
on s'est bagarré hier soir
une guerre comme on en a l'habitude
bête, à se quitter, quoi
tu es partie,hier
seul dans le noir
je ne crois pas que tu reviendras
j'ai senti que tu m'as jeté
à la façon
dont j'ai ressenti ton absence.

VAG LA VINI

Vag la vini depi lwin
li vinn kares mo lipye
li vinn kares sa bann ros la
mo ti anvi dan plas sa bann koki la
res lor sa disab lamem
pu les vag la pran mwa ale

vag la vini depi lwin
kan lamer an koler
li kriye, li plore

parski dimunn pa respekte li
zot zet tu seki zot anvi lor li
me li tuletan return seki pa pu li
kan lamer repoze
pena naryen ki pli zoli
li trankil
e si to ekut byen
to pu tann li respire

vag la vini depi lwin
mo tann li sante
mo tann li kriye
mo tann li dir
ki demin pu ena enn lot kuler
ki soley pu releve
ki lebra fode pa bese

vag la vini depi lwin
li kone ki san li
mo pa kapav reste.

Vague

Née de la mer
vague
écume présence
caresse à mes pieds
et sur le sable qui crisse
flux et reflux
né de l'amer
un goût d'écume
vague
mystère
traces mouillées
dans l'empreinte de mes pieds
déchiffrer au dos des coquillages
le secret de l'eau
le tourbillon du nombril !

ENN TIFLER

Enn tifler dan lerb
personn pa pe pran li kont
personn pa gayn letan get li
depi lontan mo pe koz ar li
mo pe priye ki personn pa kraz li
li dir mwa li ti anvi gete
kuma dimunn ete
si zot zoli parey kuma li
me nek li truv tu dimunn pe marse
personn pa pe koz ar li

enn tifler dan lerb
personn pa pe pran li kont
li dir mwa linn pran tu so letan
pu li makiy li
pu li swazir kuler
pu dimunn kontan li

enn tifler dan lerb
avan mo gayn letan kriye
enn gro lipye nek dibut lor li
fini
pa res naryen
okenn lespwar
pu fler puse tultan dan nu rev
nu finn meme bliye
aprann respe parfin
ki divan ti abitye amene
pu montre nu bote la natir.

Petite fleur

Petite fleur
surgie de nulle part
apprends-moi la rose
pour effeuiller le temps
pétales bleues
marguerite prénom
parle moi de toi
avant qu'ils ne viennent
écraser sous leurs pieds
nos mots emmêlés.

ZWAZO RUZ

Gro lapli pe tonbe
mo zwazo ruz pa kone kote
monn atann li
mo pa pe truv li
tulezur li vinn get mwa
tulezur li koz koz ar mwa
kapav li pe muye dan lapli
kapav li pena plas pu kasyet
kapav li pe gayn fin?
dan gramatin kan mo uver lafnet
tultan li la
tultan li pe get mwa
partu kot mo ale
ena enn zwazo ruz
kapav li mem u enn so frer, so ser?
pa kone
me gro lapli kapav tonbe
mo les tultan mo lafnet uver
pu ki tu zwazo ruz kone
ki zot kapav vinn kasyet kot mwa.

L'oiseau rouge

Dans le dehors pluvieux
chercher l'oiseau rouge
pour interroger le temps
pour parler au monde
poser des points d'interrogation
à la fenêtre
et attendre
la naissance d'autres matins
l'oiseau rouge
la seule présence
dans le dehors pluvieux
être nid
pour recueillir
les plumes du temps.

KULER DAN MO LAVI

Mo konn to duler
kan to larm kule
kan to lavwa kase dan telefonn
to sagrin rann mwa tris
pa les personn kuyonn twa
to bote truv andan twa
dan fonder to leker
pa dan lizye lezot
les zot dir twa pitin
tret twa tu kalite non
mwa mo konn to valer
kan to ofer mwa to lamur
san ki to esper kitsoz an retur
parski to kone ki ve dir partaze
pran mo muswar
suy to sagrin
bliye zot koze malprop
ki pe rod sali to repitasyon
twa ki met kuler dan mo lavi.

Couleurs dans ma vie

Je sais ta douleur
quand il pleut dans tes yeux
et ta voix cassée
met des tessons à ma tristesse
ne te laisse pas voler tes rêves
ta beauté est en toi
au plus profond de ton coeur
pas dans les yeux des autres
ils peuvent te traiter
de tous les noms
moi, je connais ta vraie valeur
quand tu m'offres ton amour
sans rien espérer en retour
car tu sais ce que veut dire partage
prends mes bras
pour effacer ton chagrin
oublie leurs mots qui blessent
et qui veulent salir
c'est toi qui mets
des couleurs dans ma vie.

ZIS DIS RUPI PU MANZE

Bis finn tase lor bistop
laswer pe kule lor sofa
robo pe tarde pu met ver
trafik pe zue ar buton nu pasyans
travayer Zonn Frans finn fatige
enn zurne trime pu pei
klakson pe kas nu zorey
kontroler pe pran nu ti kas
demin overtaym ziska aswar
sipervayzer finn fini dir
demin pa pu truv bonnfam zanfan
samem ki apel lavi lizinn
pe dir nu pares
pe dir nu santi pi
patron prezant reset par milyar
ogmentasyon zot pa koze
bis pe kumans buze
finn fini fatige avan al dormi
zegwi difil pu vinn dan nu rev
nu mem ki amenn progre
nu viktim devlopma
nu ankor gayn zis dis rupi pu manze !

Dix roupies

L'autobus s'arrête
la sueur s'égoutte sur la banquette
les feux tardent à passer au vert
quelqu'un nous tape sur les nerfs
nous sommes les travailleurs
de la Zone Franche
et nous sommes fatigués
on a trimé dur pour le pays
les klaxons saignent nos oreilles
le receveur récolte son dû
demain, on fait heures sup
du boulot pour toute la nuit
demain, on ne verra
ni femme, ni enfants
c'est ça la vie à l'usine
il paraît qu'on est paresseux
qu'on pue la sueur aussi
le patron dort sur ses milliards
il ne parle pas d'augmentation
l'autobus a frémi
déjà fatigué avant d'avoir dormi
de fil en aiguille
nous ne savons plus rêver
nous sommes les victimes du développement
dix roupies seulement
pour faire taire nos ventres !

KAN MO PA PU LA

Enn zur kan mo pa pu la
pa vers to larm
o kontrer mazinn mwa
mo lapsans pu bizin vinn to zarm
pu to lit kont solitid
rapel tu nu suvenir
pu to lizye pa imid
pa get deryer, get lavenir
lamor pa zordi pa dime
li pu pran mwa li pu ale
mo pale to truv sa dir
non mo le to fer kumadir
mo ankor tuzur la, kot twa
pu gid twa lor sa later la
me zur la zame pa pu vini
tan ki to partaz mo lavi.

Quand je ne serai plus là

Un jour
quand je ne serai plus là
fais une arme
de mon absence
pour tuer la solitude
un jour...
mais de t'avoir à mes côtés
j'irai jusqu'au bout de la vie !

BIROKRAT

Enn gran sanzman dan to lavi
ala to finn vinn enn VIP
dan to travay grad finn monte
to nepli enn sinp anplwaye
tonn fini fer plan lakaz beton
to nepli ule res dan ti godon
pli bon mark banyol to finn aste
dimunn kuma twa napa marse
birokrat, birokrat
me larg inpe to kravat
li pe ser to liku
pe fer twa bliye tu
lontan to al travay marse
to lekor elanse fer enn bann anvye
zordi to vwayaz dan loto
to vant pe vinn gro
to bann laksyon stereotipe
to nek konn plim ar papye
tonn kondisyone
birokrat, birokrat
me larg inpe to kravat
li pe ser to liku
pe fer twa bliye tu.

Bureaucrate

il y a du changement dans ta vie
t'es devenu VIP
au boulot t'as eu de la promotion
tu n'es plus simple pion
t'as déjà fait des plans en béton
des châteaux en espagne c'est bon
et une grosse bagnole pour se déplacer
il faut bien se reposer les pieds !
bureaucrate, bureaucrate
fais gaffe à ta cravate
elle te serre le cou
et t'oublies tout
t'oublies ta vie d'avant
la vie des cors aux pieds
de ce corps élancé
qu'au bureau on enviait tant !
maintenant tu roules en auto
et ton ventre, il est gros !
tes actions sont stéréotypées
perdu que tu es dans tes papiers
t'es un mec conditionné
bureaucrate, bureaucrate
fais gaffe à ta cravate
tu n'auras pas toujours
cette veine de pendu !

SIPERSTISYON

Kan mo get soley al kuse
mo kone enn lot zur pu leve
enn lakrint dan mo leker
mo pa sir pu truv dime
me ki mo finn fer do bondye
pu u rod tir mwa lor later
ki kalite pese mo finn fer
mo pa sir pu truv dime
enn bolom sarite ti pe pase
mo finn donn li sink su
me ler li ti get dan mo lame
li dir mwa u pu viv buku
tultan mo ti kwar sa li vre
ziska finn ariv zordi
kot mo dan leral lor lili
mo lizye li pre pu ferme
kan u viv dan siperstisyon
tultan dan lavi u enn bufon
li pu donn fos lespwar
tultan u lavi pu dan nwar
get mwa mo ti siperstisye
monn al kwar enn bolom sarite
zordi ler soley pe al kuse
mo pa sir pu truv dime.

Superstition

Le soleil s'est couché sur ma peur
et j'ai senti le froid de la mort
sur les parois de mon coeur
qui m'a jeté un sort?
c'est peut-être ce mendiant
à qui j'avais donné cinq sous?
on dit qu'il est fou
qu'il mange des enfants !
il avait lu dans mes mains
et la mort avait fui
mais il ne me reste qu'un matin
j'ai trop cru en lui !
le soleil s'est couché
sur ma superstition
la nuit est aux démons
je suis leur festin préféré !

ZARDIN

Kuma enn ti loazis
dan dezer Porlwi
enn ti lespas ver
ki pena ayer
uver to memwar
rakont nu listwar
a traver letan
zardin Konpayni
to mem ki temwanye
twa ki finn truve, ki finn tande
dan nu pei lepok mare nwar
la fwet la marse
marekaz asese
bizin fer sime pu misye Laburdone
kontwar Konpayni
kontan lapo nwar
plant tu dibwa rar
pu fer rapel kuler lebenn
rakont nu lapenn
pli pre ar nu
nu bann ser zilwa
ekrir zot sufrans lor matrak rayot
partaz duler travayer karo
plant enn latant
pu fer lagrev lafin
me to mem zardin

finn vinn enn konplis
mo get to degenn
to fer mwa lapenn
to reflet limaz

dimal ki fer ravaz
tu sa bann tifi ki viv par move vis
to enn lekzanp linite
pa get kominote
to pa konn la enn
to pa divize
Manilal Doctor, Adrien d'Epinay
Mère Barthélémy, moniman esklav
sa ki apel tolerans
si nu fer kumsa
san divizyon dan nu pei
pu ena enn sans
to enn bol loksizenn
enn kwin paradi
fer nu bliye kuler ki defigir Porlwi
me dan vennsink an, lane 2020
fo espere pa truv beton
ki efas to tras
to enn bol loksizenn
enn kwin paradi
fer nu bliye

kuler ki defigir nu pei
pu nu bann zanfan
nu fer atansyon
pu ki dime
polisyon pa efas to tras.

Jardin de la Compagnie

Oasis
dans Port-Louis désert
témoin, mémoire
raconte
Mahé de Labourdonnais
la douleur de l'ébène
le comptoir
broyer le Noir
jardin de la Compagnie
raconte
les Chagos excisés
les matraques
sur la plaie îloise
même ventre vide
ouvrir les cuisses
de Port-Louis, la vile
pour tuer l'amour
sous les branches du banian
bol d'oxygène
coin de paradis
mon jardin
tiens-moi Compagnie !

SUFRANS PENA KULER

Rev linite lepep nu pei
ler to leve nu realiz li
nu sekre anter dan later set kuler
nu lafors dan pavyon ruz, ble, zonn, ver
nu pena kosmar Kigali
nu pa konn duler la Bosnie
dan tu kominote nu ena frer
nu diferans sa mem nu vre boner
dormi mo piti isi paradi
fer enn gro dodo mo baba
dormi mo piti, fer enn ti somey
pu so papa
me ena enn bann politisyen
dan tu kwin lari zape kuma lisyen
si lepep Moris zordi divize
se gras a zot koze malpropte
la drog fer ravaz, koripsyon usi
somey tu zanfan menase
fer la ont mo pei
nepli paradi
Moris ape vann so nam akoz lamone
ena malez isi, kominalis laba
ki nu ule vini?
fer kuma Lalzeri?
nu ule divisyon
u byen enn sel nasyon?

sufrans pena kuler
tir la enn dan leker
enn nuvo soley pe leve
Lafrik di sid anfin libere
Mandela vinn vre piti so pei
mo truv twa regayn somey mo piti
dormi mo baba
retur paradi
zame pa bliye mo zistwar
dormi mo pei
pa pu revini
lepok marenwar
mo dir destin tu pei li parey
kuma dir enn papa avek so piti
nu devwar se protez zot somey
kont tu bann kosmar dan lavi
nu zwenn tu pei, arete lager
zot kone sufrans pena kuler
zanfan pe dormi
napa fer tapaz
pa kas rev linite tu pei.

Berceuse souffrance

Dors enfant de demain
pour rêver du secret enterré
dans la terre de Chamarel
ta force rouge, bleue, jaune et verte
ta différence est ton bonheur
laisse aboyer les politiciens
leurs crottes maculent
l'asphalte de nos rues
le sommeil des enfants menacés
dors enfant de demain
ton pays a vendu son âme
pour un peu plus de liquide
pour un peu moins de paradis
et sur la tôle profilée
les cauchemars affûtés
Kigali, Algérie, Kosovo
dors enfant de demain
je suis là
à l'autre bout de la terre
à fredonner berceuse souffrance
mourir en silence
lambeaux d'innocence
se réveiller demain
un autre enfant
une même soif d'humanité.

AKOZ MO ENN POET

Dan mo landrwa
personn pale koz ar mwa
bann ti garson ki abitye zue bul lor lari
zot pale mo zue ar zot
zot dir mo pa konn met lak
bann tifi ki kontan zue lamarel
zot usi pale les mwa zue ar zot
zot dir mo pa kone kuma fer lamur
bann misye ki abitye tap zot zafer
labyer, rom ubyen divin
zot pus mwa kan mo pase
sense akoz mo bwar zis dilo
bann madam ki abitye rakont koze dimunn
ki pa konn valer bann mo
ki fer parol vinn palab
zot koz kontrer deryer mo ledo
dan mo landrwa
personn pa kontan mwa
depi ki monn dir mo enn poet
akoz mo pa parey kuma zot
zot pe menas pu tuy mwa
dan sa landrwa la
mo santi mwa enn etranze
pena plas pu enn dimunn kuma mwa
perdi letan ekrir
perdi letan al pli lwin ki letan
enn zur selma
mo sir mo pu truv enn landrwa
kot mo pu zwenn dimunn kuma mwa
dimunn ki pa pu onte dir zot enn poet
e ki kone ki vre valer enn mo !

Parce que je suis poète

Dans le quartier
on m'a tourné le dos
parce que je suis poète
garçons et filles m'ignorent
et je ne suis même pas homo !
dans le quartier
on parle de me tuer
parce que je suis différent
étranger
dans le quartier
pas de place pour moi
il ne faut même pas communiquer
pas prendre leur temps
mais un jour
je trouverai ce quartier
où mon semblable me tendra la main
pour s'enivrer de mes mots.

NU TI ANZ

Kan soley pran so pinso
pu al pintir lorizon
pena pli zoli foto ki sa
kan lamer marye ar lesyel
pu fer ti niaz tu kuler
pena pli zoli tablo ki sa
e kan twa ek mwa
nu ansam, nu de tusel
pena pli zoli ki sa ti baba
nu ti anz, nu ti lerwa
ki pu vinn fer ti sato dan bor dilo.

Notre petit ange

Quand l'horizon
se maquille de soleil
la mer mariée au ciel
il n'y a pas plus beau tableau
et quand tu es là
près de toi
juste notre solitude
il n'y a pas plus beau
que ce château
que notre petit ange
fait naître sur le sable.

VEY MO SOMEY

To mem ki ti vinn dan mo rev yer swar?
parfin to lekor ankor dan mo latet
e mo leker ankor pe bat for
to ti dir mwa to pu vey mo somey
deor tapaz tekno pe donn bal
lamur mars avek oparler
me twa, san ki to labus uver
mo pe tann tu seki to pe dir
to pa koz buku
e to lipye pa les tras lor mo dra
tonn mark tu lor mo lapo
enn sekre ant twa ek mwa
aster kan mo al dormi
mo pa per okenn kosmar
mo kone to pu la
dan sak kwin mo panse
pu anpes mwa bliye lesansyel
res kot mwa tultan
pu to vey mo somey
parey kuma mo mama ti pe fer
kan mo ti fek sort dan lesyel
pu vinn donn prev anz lor la later.

Veille

Ai-je rêvé de toi hier soir?
le parfum de ton corps
habite toujours mes sens
et mon coeur s'affole
à me remémorer
cette nuit de veille
dehors
il fait techno
pour tuer l'amour
mais ta présence muette
me dit bien plus
que tout ce bruit
les traces de tes pas
sur les draps
tu as tout écrit sur ma peau
ce secret qui exorcise les cauchemars
dans mes pensées
fleur essentielle
tu me fais tomber du ciel
pour redevenir ange
dans tes draps !

KOMYE?

Komye dimunn bizin mor ankor
komye zanfan bizin sufer ankor
komye dezord ankor
pu ki dimunn konpran?

komye lager
komye kutbal
komye kut kanon
pu ki zot truv kler?

komye zot anvi gayne
komye zot bizin
pu zot viv
kifer zame zot pa ase?

Dir mwa komye tan ankor
bizin avan ki zot konpran
ki nu tu enn sel isi?

Interrogation

Il faut
combien de sang
pour apprendre l'innocence?
on est un
pourtant
même interrogation
m'ouvrirez-vous les bras?

PA FERM TO LEKER

Pa ferm to leker
kuma lezot pe fer
pa fer kuma lezot
res kuma to ete
pa fer naryen
kant mem ki zot dir lor twa
twa ki kone ki to ete

kifer tu dimunn pa ti kapav
enn tigit kuma twa
zis montre zot vre kuler?

mo pena naryen
pu donn twa
zis enn tigit lalimyer
zis enn tigit kuler
pu ekler to lavi.

Ne ferme pas ton coeur

Ne ferme pas ton coeur
n'imite pas les autres
laisse le battre
pour toi
pour moi
et ils comprendront peut être
tes battements
c'est bien peu de choses
mais c'est couleur et lumière
pour changer la vie !

KI ZOT PU FER?

Ki zot pu fer
si later aret turne
si lapli arete tonbe
si soley nepli egziste?

ki zot pu fer
si bann pye arete puse
si divan nepli sufle
si zanimo nepli egziste?

ki zot pu fer
si lalinn zetwal disparet
si lamer kraz partu
si la natir desid pu fer parey kuma zot?

ki zot pu fer
ki zot pe atann pu konpran
ki later la pa pu zot sa
ki zot bizin gard li byen
ki zot plas pa isi?

ki bizin fer pu zot konpran sa?
eski pu bizin enn nuvo deliz
pu lav tu pese zot pe fer
me selma fer tansyon
senn kut la pa pu ena Noe
pu sov zot !

Que ferez-vous?

Il n'y aura pas d'autre Noé
mais un nouveau déluge
pour nous laver de nos péchés
que ferez-vous alors
quand viendra l'heure de payer !

KREOL ZORDI

Bliye mark kut fwet
ki ti ena lor lekor to zanset
bliye tapaz lasenn
parey kuma to finn bliye la enn
me mem si to pena djembe
pu kriye to duler
pu sant to lazwa
pu dir seki ena dan to leker
pa bliye to memwar, to suvenir
pu to mazine
ki sa larivyer disan
ki kul dan to lavenn
so lasurs sorti dan Lafrik !
kreol zanfan soley
lapo nwar seve krepi
leritaz zenetik
kreol zanfan pardon
lapo kabri dibwa lakol
sega tipik !
bate ravann pu dir to legzistans
bate for for pu fer tann to lavwa
bate ankor pu fer kone to la !
esklav yer, lidentite perdi
kreol zordi, zanfan to pei
kreol zordi, zanfan kat kuler
zanfan metis, pu tuy rasis, kominalis

zanfan melanze, zanfan bondye
bliye malez, bliye divizyon
ki rod fer sime dan to latet
bliye ki sann la ena tor u rezon
zordi to mem to met !
kreol lavil, kreol lakanpayn
kreol ris, kreol pov
kreol pa onte
to fyerte vo plis ki larzan
parski sa mem to sel rises !
kreol linite, to vre natir
kreol zordi, zanfan lavenir
kreol isi, kreol ayer, kreol partu
pon imin pu travers letan
zanfan lamur, zanfan lesyel, later, lamer
kreol zordi, kreol tultan !

Créole

Tu n'as plus de djembe
pour chanter ta souffrance
la douleur de ton peuple
et la rivière de sang s'est tarie
mais créole
enfant d'Afrique
futur métis
sang mêlé
humain mélangé
passerelle de chair
qui traverse le temps
enfant d'amour
du ciel, de la terre et de la mer
créole tout le temps
mutant sûrement !

DOS !

Kan lan demil pu fini
ki nu pu fer?
eski nu pu kontiyn konte
kont segonn, minit
mwa, lane, siek
pu refer sime siperstisyon?
ubyen nu pu bliye
pasaz letan
pu reaprann konn nu mem?
mwa mo kwar
olye nu get kalandriye
nu ti bizin
refas tu fas ki ena dan nu leker
dan nu lespri, dan nu lavi
e nu ti bizin kumans
konn vre sinifikasyon
siyn de pus koste ansam
dos !
kan nu ti tipti
e kan lamitye
ti ankor ena so valer pu tu dimunn
sa mem siyn
ki ti protez nu kont la enn.

Dos !

Approche ton pouce
du mien
dos !
le signe de l'amitié
effaçons les fas
de nos coeurs
vraie signification
d'enfance
seule protection
contre le passage du temps
mon témoignage
pour faire oublier la haine.

GET SA TIFI LA

Dan so sazes
li ti les nu tu liberte
pu get dan laglas
pu nu aprann konn
fas so bonte
dan nu lorgey
nu ti rod depas so konesans
e nu ti konstrir latur divizyon
pu maske konfizyon nu lespri
me mem sa linn pardonn nu
parski li mem lasurs lamur
me pu remersye li
ki tonn fer, ki monn fer?
get sa tifi ki pe plore
dan lipye lakrwa la
to pa santi twa kupab
pu seki tonn fer?

La fille

Au pied de la croix
la fille
libre arbitre
entre Lui et nous
l'ombre de la tour
Babel
le ver était dans le fruit pourtant
tu avais faim de pomme !
Marie
ne te sens-tu pas coupable?

LAPORT LANFANS

Prevwar enn mirwar pu mwa
pu mo retruv bote label o bwa dorman
me lor trankilite laglas
fode pa zet malpropte lakras
enn zur dan enn pei
kumsa mem sa ti kumanse
enn zistwar ki byen zoli
kot ena lerwa, larenn ek fe
monn rod retruv sa mazik la
ler nwar ti pe koste
gran dimunn ti pe rakonte
aster nepli ena tusala
mirwar finn fele
lakras finn sek ar move koze
mo lanfans finn ale
seve blan finn pus lor sato ante
gran dimunn so letan presye
fode pa zet malpropte lakras
mo pu sey rapel tu zot bon koze
pu mo retruv mo de pas
pu reuver laport lanfans
pu mo donn tu zanfan gu paradi.

Porte d'enfance

Donnez- moi un miroir
pour retrouver la beauté
de la Belle au bois dormant
mais ne crache pas
sur le silence de la glace
il était une fois
c'est comme ça que tout commence
une histoire très jolie
de roi, de reine et de fée
fais-moi retrouver la magie
pour faire fuir le noir de la nuit
le miroir est fêlé
les crachats ont séché
et mon enfance part en ruines
le château est hanté
perdu le mot de passe
mais donnez-moi un miroir
et j'essaierai d'ouvrir
la porte d'enfance
qui ouvre sur le paradis.

NU SEL TISI...

Dan mo pei
volkan finn refrwadi
pa pu an koler ankor
dan mo pei dimunn ki bwi
enn saler ki fer diri kwi
pu resof mo lil so lekor
dan mo pei kan araze
kan la koler monte
li pa sufle kuma tempo
li ramas ros pu avoye
li gayn kutbal li tonbe
lerla nu leker gro
parski linite nasyonal menase
parski nu ple finn uver
lerla nepli ler pu fer fyer
nu truv nu pei eklate
enn pake morso
morsel nu panse
pu fer nu bliye
ki nu la pu pas dan enn sel sime
parski nu dan mem bato
dan mo pei
kan aswar vini mo per
pangar deor kikenn pe defer
ruz, ble, zonn, ver, nu sel tisi...

Le seul tissu...

Dans mon pays
quand vient la nuit
j'ai peur
dehors
on est peut être
en train de défaire
rouge, bleu, jaune et vert
le seul tissu
dont est fait
l'âme de mon pays.

DAN BOTE ENN FLER

Dan bote enn fler
monn sey rapel to parfin
pu sak petal ki pu puri dan zardin
mo legard suvenir nu erer
e parski klorofil pa poz kestyon
mo dimann twa kasyet to pikan
pu ki larm la roze donn nesans nuvo buton
pu repar duler nu aksidan
dan bote enn fler
ubyen dan to figir ki monn truv sa?
dilo sale ti pe fer sime
depi la surs la sufrans
kan nu pu aret fer zanfan plore ?

Dans la beauté de la fleur

Dans la beauté de la fleur
j'ai essayé de me rappeler
du parfum de ton corps
pétale de mes pensées
la chlorophylle m'interroge
et si tu cachais ces épines
aucune eau salée
n'humidifiera la rose
dans la beauté de la fleur
mais c'est peut être
sur ton visage
que j'ai vue
naître cette larme d'enfant?

NESESITE LIMANITE

Mo ti zis anvi zet tu mesanste
dan krater volkan la Furnez
pu fer move vinn saler imin
mo ti zis anvi plonz trayizon
dan la rivyer Ambovombe
pu ki nepli ena larm krokodil
e si mo ti kapav
mo ti pu kraz tu seki diviz nu
lor ros lil Pralin
me mo nik dan Moris
dan silans dilo Gran Basin
dan lebra uver Mari Renn de la Pe
dan surir Buda dan pagod
dan prezans invizib moske
e pu sak pizon ki nu anpes poze
se enn lil ki nu fer elwanye
enn zur, kan tu dimunn pu fer pon
ar lide lamur, ar la fors lamitye
pu nepli ena frontyer dan losean indyen
e paspor pu luvertir despri
pu delivre pu tu dimunn
ki kwar dan nesesite limanite.

Nécessité humanité

Passeport pour l'ouverture d'esprit
pour ceux qui croient
dans la nécessité humanité
jeter toute méchanceté
au fond du cratère de la Fournaise
noyer les larmes de crocodile
dans la rivière d'Ambovombe
et prendre les îles pour nids
pour abriter l'unité
les bras ouverts de Marie Reine de la Paix
le sourire du Bouddha
mais pour chaque pigeon
qui ne peut se poser
c'est une île qui s'éloigne
avec le granit de l'île Praslin
bâtir un pont humain
plus jamais de frontières dans l'océan indien !
passeport pour l'ouverture d'esprit
pour ceux qui croient
dans la nécessité humanité
l'idée de l'amour
la force de l'amitié
utopie à réaliser !

KULER RUZ

Leve
dibute
zis pu donn lame
zis pu uver leker
pu uver lizye
pu truve
ki tu disan mem kuler
ruz
kuler linite
me fer dimal
kan fizi kras bal
kan televizyon fer gayn vomi
dormi
sis pye
lwin anba later
akoz foli lager
Zezi nepli anvi returne
pu relev Lazar
tu lekran televizyon pe zwe nwar
kuler tonbo
kuler lamor
nu leve
nu dibute
pu fer la priyer
pu ki soley resisite
pu ki so kuler ruz
repenn lorizon limanite.

Rouge

Dans le chemin de nos veines
trouver la réponse
rouge
la même couleur
un seul sang
une même unité
loin sous la terre
à six pieds du sommeil
quand la télévision écoeure
et donne envie de vomir
dans les cauchemars couleur tombeau
rouge
couleur d'espoir
la seule prière
pour faire se lever les soleils
qui donnent de la chaleur humaine.

ZANFAN LAVENIR LIMANITE

Enn poet inn ekrir
ki fam lavenir zom
me mwa mo dir
ki zanfan lavenir limanite
san sa bann ti anz
ki fer vant mama vinn zoli
san zot kutpye kont nu zorey
lavi pa ti pu ena okenn sans
e ni zom ni fam
pa ti pu konn sinifikasyon lamur
akoz sa mem
nu bizin protez sak anz
ki poz so lipye lor later
pu ki zot pa
tras sime nu lavenir
parski lavenir limanite
li truv dan surir enn zanfan.

Futur d'humanité

et si la femme est l'avenir de l'homme
je proclame que l'enfant
est le futur de l'humanité !
ange tombé du ciel
nourri de sang amniotique
il donne sens à l'amour
et trace le chemin de demain
dans l'innocence de son sourire.

KAN ARITMETIK

Mem si to seve pe vinn blan
e ki to figir pe sanze
ar pasaz letan
to pu res tuzur mo gate
parski zame mo pu bliye
ki to mem ki ti montre mwa
ki ete lamur, ki ete de
kan aritmetik donn nesans lazwa
alor mem si letan pe kraz twa
kone ki tultan mo pu la
pu trap to lame
kan lavi kas aritmetik an de
zame kapav bliye
zame kapav redir
tu seki finn ekrir
tu seki nu finn partaze
mwa, enn
twa, de
e pu sak anz ki nu finn done
nu finn montre
ki lamur pli for ki la enn.

Arithmétique

Le temps peut passer
autant qu'il veut
sur ta solitude
il ne me fera pas oublier
que tu m'as fait deux
autre moi
dans cet enfant
sorti de toi
pour prolonger le temps
et pour cet ange
qui nous a appris le ciel
je sais maintenant
que l'amour triomphe toujours
de la haine !

DE TRWA PYE TUSEL

De trwa pye tusel
dan enn karo kann
zot paret tris
tusel
lwin avek zot bann kamarad
sirman aswar zot koz koze
mo pu al get zot enn zur
pu ki zot kone
ki zot pa tusel
mo pu al get zot
pu montre zot
ki mo konpran kan zot koze
mo pu may zot for
pu ki zot santi ki mo tande
kan zot leker bate
mo pu al get zot
pu ki zot arete plore tusel aswar
pu suy zot larm
ar mo muswar kominyon.

Arbres

Arbres
seuls
tristes
la nuit
le bois parle
et mon coeur qui bat
écoute
le message
tout est gravé dans la chaleur de mes bras.

PENA DILO

Tu dimunn pe dir pena dilo
lapli pa pe tonbe
me zot pa kone kifer
lesyel finn aret plore
fatige plore
bann niaz nepli anvi
vinn get nu
parski sakenn pe fer
la pryer sakenn so kote
sakenn so bondye
personn pa truve
ena enn sel lesyel
enn sel soley ki leve pu tu dimunn
enn sel lafors ki fer nu tu respire
enn sel kuler disan dan nu lekor
e tu dimunn pe dir pena dilo !

Eau

Laisser couler
comme une liquide prière
cette eau
nous pénétrer
de ses atomes
et retrouver ainsi
l'idée de Dieu
la larme primordiale
transformer la sécheresse des coeurs !

ENN NIAZ FINN PASE

Enn niaz finn pase
linn bliye pran mwa avek li
li abitye amenn mwa promne
lao
kot personn pa get kuler lapo
kot zis bizin uver leker
pu ekut divan fer la mizik
pu ekut niaz rakont zistwar
pu ekut pye sante
lao
kot mo truv tu zafer
kumadir furmi lor later
mo pu atann enn lot niaz pase
li pu rekonet mwa
li pa pu les mwa tonbe
e kan li pu pran mwa li pu ale
mo pa pu returne
mo pu ale
enn sel ale.

Un nuage est passé

Là-haut
plus près de la plénitude
du bleu
apprendre l'autre
dans le silence du néant
un nuage est passé
reflet de hublot
aileron d'acier
en bas
dans la fourmilière
voir passer l'ombre
et rêver de voyages
un jour
s'en aller pour toujours
derrière le bleu tapis
de la Voie lactée !

TABLES DES MATIÈRES EN CRÉOLE

L'AUTEUR

Sedley Richard Assonne. Né le 7 octobre 1961. Marié à Sanila, et père d'Avinash. Journaliste, à la section Culture, au journal L'express. Auteur de "Les fantômes du futur luxe nocturne", recueil de poèmes en français, de "Vertiz leternite", recueil de poèmes en créole. D'autres poèmes et nouvelles sont parues dans "Des poètes chantent leur île", "Au tour des femmes", "Maurice, demain et après" et "Au nom de l'amour" et "L'anthologie de la nouvelle poésie mauricienne". Lauréat du prix ONDP pour le poème "Plaidoyer", de la ville de Saint Benoît pour le poème "Ma vile", pour le meilleur roman avec "Robis", au concours de Ledikasyon Pu Travayer et prix Grand Océan pour "Pu poezi zame disparet".

L'ORANGE BLEUE ÉDITEUR

Rendre nos poésies
nos poètes
visibles
à la grandeur du monde

PLEINS PARTENAIRES DE CETTE ACTION

ÉDITIONS PHI,
5 UM Bierg, L-6665
Herborn, Grand Duché
LUXEMBOURG
Téléphone: 00352-728066
Télécopie: 00352-728066

ÉCRITS DES FORCES,
1497, Laviolette, C.P. 335,
Trois-Rivières, QUÉBEC
G9A 5G4
Téléphone 1.819.379-9813
Télécopie 1.819.376-0774

L'ARBRE A PAROLES,
B.P. 12, 50 Grande Route,
4540 Amay, BELGIQUE
Téléphone: (32)85.3 1.52.32
Télécopieur: (32)85.31.54.32

LES ÉDITIONS
FEU DE BROUSSE
41, Boulevard du
Général de Gaulle
Dakar, Sénégal
Téléphone: 221.21.88.04
Télécopie: 221.22.16.38

ÉDITIONS GRAND OCÉAN
6, rue Pasteur, app. n° 7
87400 Ile-de-la-Réunion
Océan Indien
Téléphone: 00262.21.38.42
Télécopieur: 00262.21.97.20

Cet ouvrage a été imprimé
pour le compte des Éditions Grand Océan,
sur les presses de Préci-ex Limited,
Avenue St Vincent de Paul, Pailles Ouest,
République de l'île Maurice

dépôt légal
Novembre 1999